Günther Dichatschek

Christsein in der Moderne 7

Günther Dichatschek

Christsein in der Moderne 7

Diakonisches Lernen und Lehren

Fromm Verlag

Imprint

Any brand names and product names mentioned in this book are subject to trademark, brand or patent protection and are trademarks or registered trademarks of their respective holders. The use of brand names, product names, common names, trade names, product descriptions etc. even without a particular marking in this work is in no way to be construed to mean that such names may be regarded as unrestricted in respect of trademark and brand protection legislation and could thus be used by anyone.

Cover image: www.ingimage.com

Publisher:
Fromm Verlag
is a trademark of
Dodo Books Indian Ocean Ltd. and OmniScriptum S.R.L publishing group

120 High Road, East Finchley, London, N2 9ED, United Kingdom
Str. Armeneasca 28/1, office 1, Chisinau MD-2012, Republic of Moldova, Europe
Printed at: see last page
ISBN: 978-3-8416-0571-9

Christsein in der Moderne 7

Diakonisches Lernen und Lehren

Günther Dichatschek

Inhaltsverzeichnis

1 Vorbemerkung..5

2 Einleitung..7

   2.1 Gegenstand Diakonie...8

   2.2 Performative Religionsdidaktik....................................9

   2.3 Aktueller Diskussionsstand.......................................11

3 Diakonisches Lernen..12

   3.1 Impulse diakonischer Lernprozesse............................13

   3.2 Inhalte...14

   3.3 Ziele diakonischen Lernens.......................................15

   3.4 Diakonisches und ethisches Lernen............................16

4 Didaktischer Ansatz - Performative Religionsdidaktik.........17

5 Diakonie lehren..18

   5.1 Bezugswissenschaften...18

   5.2 Praxisprojekte - Lernen in tätiger Gemeinschaft..........21

   5.3 Diakonie als Unterrichtsfach.....................................22

   5.4 Diakonisches Lernen im Religionsunterricht................22

   5.5 Erwachsenen- bzw. Aus- und Fortbildung...................23

   5.6 Zusammenfassung..24

6 Kontext zu Politischer Bildung......................................26

   6.1 Themenfeld - Praxisfelder...26

   6.2 Didaktische Prinzipien...27

   6.3 Beidseitige Intentionen...28

7 Diakonisches Unternehmensprofil..30

    7.1 Entwicklungen in der Diakonie...31

    7.2 Christliches Profil..34

    7.3 Fördermaßnahmen...34

    7.4 Konfessionelles Profil..35

8 Bildungswochen 2018 im diakonischen Umfeld.............................35

Reflexion...37

Literaturverzeichnis...39

IT - Autorenbeiträge..43

IT - Hinweis..44

Zum Autor..45

1 Vorbemerkung

Diakonisches Lernen, performative Religionsdidaktik und Politische Bildung haben formal gesehen Strukturanalogien.

Diese zu verbinden ist das Ziel der Studie, der aus dem Interesse für einen Verbund von Allgemeiner Erwachsenen- bzw. Weiterbildung, Lehre in der Erwachsenen- bzw. Weiterbildung und der Fachdidaktik der Politischen Bildung sich begründet.

Die Diskurse um diakonisches Lernen bzw. Lehren, performative Religionsdidaktik, der aktuelle Diskussionsstand und die Fachdidaktik der Politisches Bildung (in Österreich) haben ihren Ursprung vor etwa 20-30 Jahren und verlaufen auf verschiedenen Ebenen (vgl. KRAMER 2015, 11; DICHATSCHEK 2017a; IT - Autorenbeiträge http://www.netzwerkgegengewalt.org > Index: Religionspädagogik, Politische Bildung, Ethik, Personalentwicklung).

Die Auswahl und Anordnung der Themen beruhen

- auf persönlicher beruflicher Sozialisation und stellen persönliche Interessenslagen dar.

- Grundlage des Beitrages und Erkenntnisstand ist die Literatur der Erziehungswissenschaft, Religionspädagogik, Politischen Bildung,

Ethik, Personalentwicklung und Evangelischen Erwachsenenbildung/ Diakoniewissenschaft.

Einrichtungen und Organisation der Diakonie müssen in einer ständig ändernden Gesellschaft bestehen können, um das Handlungsfeld durchführen zu können und bedürfen neben Rahmenbedingungen einer Aus-, Fort- und Weiterbildung (vgl. das Aufgabenfeld der Diakonie - Akademien). Dies unterstreicht - aus der Sicht der Politischen Bildung - ihre nationale und internationale Bedeutung.

Der Autor bezieht sich in seinen Ausführungen auf

- die Absolvierung des 10. Universitätslehrganges Politische Bildung/ Universität Salzburg - Klagenfurt (2008),

- die Absolvierung des 6. Universitätslehrgang Interkulturelle Kompetenz/ Universität Salzburg (2012),

- seine Qualifizierung in der "Weiterbildungsakademie Österreich/ wba" (2010), in Verbindung mit Bildungsmaßnahmen in der Personalentwicklung der Universitäten Wien in Bildungsmanagement (2010) sowie Salzburg mit der Absolvierung des 4. Internen Lehrganges für Hochschuldidaktik (2016),

- die Absolvierung des Fernstudiums "Grundkurs Erwachsenenbildung" der Arbeitsstelle Fernstudium/ EKD - Comenius Institut Münster (2018),

- jahrelanger Tätigkeit und Erfahrung im Bildungsmanagement als Mitglied der Bildungskommission der Generalsynode der Evangelischen Kirche in Österreich A. und H.B.(2000-2012) und als stv. Leiter des "Evangelischen Bildungswerks in Tirol" (2004-2009, 2017-2019),

- Lehraufträge an den Universitäten Wien/ Berufspädagogik/ Aus- und Weiterbildung / Vorberufliche Bildung (1990-2011) und Salzburg/ Lehramt Geschichte - Sozialkunde - Politische Bildung/ Didaktik der Politischen Bildung (2016-2018) und

- Kursleitertätigkeit an Volkshochschulen im Bundesland Salzburg in Zell/See, Saalfelden und Stadt Salzburg (2012-2019).

2 Einleitung

Die Thematik hat aus der Sicht der Politischen Bildung sozioökonomische und kulturell - religiöse Gründe.

Die einzelnen Bereiche geben unterschiedliche Antworten, die ihre Begründung in der jeweiligen Sichtweise sich finden.

2.1 Gegenstand Diakonie

Diakonisches Lernen ist durch den Gegenstand "Diakonie" definiert und ihrer Breite nicht einer bestimmten Didaktik bzw. Methodik verpflichtet.

- Lernen bezieht sich auf einen Handlungsvollzug, den Kontext von Handlung und Motivation und eine biblisch -historische Grundlage, begründet im christlichen Glauben und kirchlicher Praxis des Beistandes.

- Didaktische Voraussetzung ist gelebte Religion, bezogen auf auf eine kulturelle Praxis. Diakonisches Handeln ist auch performativ, wie im Folgenden darauf hingewiesen wird (vgl. KRAMER 2015, 22, 33-34).

- Bildungswissenschaftliche Beobachtungen ergeben mitunter kulturkritische Aspekte, etwa eine "Krise des Helfens", Wertediskussionen oder "Traditionsbrüche" (vgl. den Ausdruck "Traditionsabbrüche").

- Wird das Christentum als etwas Anderes angesehen, ist dies für die Didaktik eine Herausforderung, eine Lernchance.

- Allerdings kann mangelhafte religiöse Sozialisation kaum durch religiöse Bildung kompensiert werden (vgl. Religion ausschließlich als

"Bildungsreligion" und damit die Auswirkungen auf die christliche Religion selbst).

2.2 Performative Religionsdidaktik

Performative Religionsdidaktik beinhaltet eine formale Konzeption der Religionspädagogik.

Im Folgenden geht es verkürzt um die Trias des sog. "Traditionsbruchs", die Zeichendidaktik und den Diskussionsstand (vgl. ausführlich KRAMER 2015, 13-33).

- Im Traditionsbruch geht man davon aus, dass die theologische Lehre sekundär ist in Bezug auf eine Glaubenspraxis. Damit wird sie zum Gegenstand religiöser Bildung. Die fehlende gesellschaftliche Legitimierung der christlichen Religion ergibt sich aus dem Verlust des Monopols von Religion bei der Beantwortung lebensbedeutender Fragen. Für einen Unterricht bedeutet dies vermehrt biografisches Lernen, Lesen der Bibel als Orientierung, Praxisorientierung des Unterrichts und der Forderung Fremdes als Fremdes stehen zu lassen. Der Traditionsbruch geht von einer vermehrten Subjektivierung und Medienorientierung aus. Religionsdidaktik ist so gesehen auf eine Teilnahme der vorhandenen religiös-kulturellen Praxis angewiesen.

- Aspekte einer Zeichendidaktik bzw. Symboldidaktik zeigen sich in der Verschiedenheit im Symbolbegriff (vgl. die Unterschiede der Lebenserfahrung der Lernenden, das Umfeld für Symbolverständnis und die historisch geprägte Geisteshaltung). Didaktisch bedarf es der Aufdeckung von Codes, damit deren Gebrauch von Zeichen studiert, probiert und kritisiert werden kann. Weil Zeichen Funktionen darstellen, sind sie prozesshaft zu betrachten. Es geht um Kommunikation/ kommunikatives Handeln, Zeichenkompetenz und Rollenverständnis mit Interpretation (vgl. Rollenspiel). Didaktische Folgerungen ergeben sich aus dem Gebrauch von Zeichen bzw. Symbolen.

- Zu unterscheiden ist

    - Religion als Glaube in einem individuellen Gottvertrauen,

    - Religion als kommunizierte kulturelle Praxis des Glaubens und

    - Religionspraxis als wissenschaftliche Reflexion der Theologie.

Der Religionsunterricht wird zumeist eine Religion der kulturellen Praxis darstellen. Diakonisches Handeln wird eine bestimmte Praxis des Evangeliums hier bilden (vgl. die didaktische Bedeutung als eine Form religiöser Praxis).

2.3 Aktueller Diskussionsstand

Der aktuelle Diskussionsstand bezieht sich auf konkret erfahrende und gelebte Religion.

- Dies ist der didaktische Ort der performativen Religionspädagogik.

- Aspekte sind gelebte Religion und kulturelle Praxis, wie sie sich etwa auf Lk 10, 25-37 bezieht.

- Diakonisches Handeln ist als religiöse Ausdrucksform eine Performanz von Religion.

Politische Bildung als Bereich einer schulischen und außerschulischen Didaktik versteht sich in einer demokratischen Gesellschaft als Fachbereich, der mit diakonischer Didaktik in Kontext steht.

- Der Teilbereich Migration in Politischer Bildung bzw. Interkultureller Kompetenz setzt sich mit Formen der Religiosität auseinander (vgl. MATZNER 2012, 35; ROHE - ENGIN - KHORCHIDE - ÖSZOY - SCHMID 2015).

- "Traditionsbrüche" sind im Selbstverständnis einer Politischer Bildung als gesellschaftlicher Paradigmenwechsel zu verstehen und haben als Ursache auch sozioökonomische und kulturell - religiöse Gründe.

- Handlungsorientierung gehört zur Politischen Bildung, beispielhaft sind Mündigkeit - Autonomie - Innovationen -Durchsetzungsorientierung - Engagement - Empathie - Konsens - Konfliktlösung - Toleranz als Aspekte politischen Handelns.

Von Interesse ist daher der Verbund von

- diakonischem Selbstverständnis,

- performativer Didaktik und

- Politischer Bildung.

Lernen und Lehren gehören zusammen, sie vervollständigen ein Konzept diakonischen Lernens und der Lehre.

3 Diakonisches Lernen

Diakonisches Lernen wird zumeist als Durchführung und Begleitung

- diakonisch - sozialer Praktika,

- der Auseinandersetzung mit biblisch - theologischen Grundlagen,

- der Tradition diakonischen Handelns und

- der Auseinandersetzung mit Helfenden und Hilfsbedürftigen gesehen (vgl. KRAMER 2015, 51-53).

Zugeordnet wird es sozialem Lernen im Kontext mit einem christlichen Menschenbild (vgl. Nächstenliebe und soziale Verantwortlichkeit).

- Praktika verstehen sich als Lernweg religiöser Bildung und religiöser Praxis.

- Inwieweit dies in Rahmenlehrplänen verankert ist, erweist sich zumeist in konfessionellen Schulen.

3.1 Impulse diakonischer Lernprozesse

Strukturanalogien ergeben sich für schulische und außerschulische Lernprozesse in verschiedenen pädagogischen Kategorien (vgl. KRAMER 2015, 71-101).

- "Künstlichkeit" (Laborsituation/ Modell - Lernen) bedeutet die Wirklichkeit in der jeweiligen Institution nachzeichnen.

- Lehrer/Innenrolle bedeutet Lehrende, Animateure, Akteure und Zuhörer bzw. Zuseher in Unterricht bzw. Lehre.

- Kommunikation im Rollenverständnis Lehrender bedeutet verbale und gestische Ausdrucksformen, hier gemeint in religiösen Sinne, einsetzen.

- Setting bedeutet räumliche, zeitliche und sachbezogene Rahmenbedingungen von Lernprozessen gestalten.

- Nicht zu übersehen sind Erkundungen, Exkursionen, Rollenspiele, Diskussionen, Vorträge/ Expertengespräche, Plakate, Karikaturen, Lesetexte und der Einsatz von Medien als impulsfördernde Lernprozesse.

In diesem Kontext werden Lernimpulse hergestellt.

3.2 Inhalte

In der Ethik geht es nicht nur um eine Reflexion von Moral des Einzelnen, vielmehr auch um den Bezug auf ein Zusammenleben mit anderen (vgl. KRAMER 2015, 127-129).

- Damit verbindet sich in der Ethik ein subjektiver und objektiver Aspekt. Mitunter wird auch weniger von Moral und mehr von "Lebensführung" gesprochen.

- Es geht um einen Prozess der sozialen Kommunikation.

Didaktisch bezieht sich der ethische Diskurs auf die

- partnerschaftliche Ebene/ Ehe - Familie,

- zwischenmenschliche Ebene/ persönliche Achtung, Gestaltung sozialer Beziehungen,

- berufliche Ebene/ berufliche Eigenschaften, berufliches Rollenverständnis,

- gesellschaftliche Ebene/ Wohl des Gemeinwesens,

- Umweltebene/Schutz der Umwelt, Verantwortung gegenüber künftigen Generationen und

- Wissenschaftsebene/ Machbarkeit - ethische Verantwortung (vgl. etwa Gentechnik, Fragen der Biomedizin).

3.3 Ziele diakonischen Lernens

Ziele diakonischen Lernens sind

- Persönlichkeitsentwicklung,

- Sensibilisierung religiös - ethischer Fragen,

- Erfahrungen christlichen Glaubens im Alltag,

- soziale Verantwortung und

- Erkundung diakonischer Handlungsfelder in Unterricht und Praxis (vgl. KRAMER 2015, 148-151).

Im außerschulischen Bereich sind Evangelische Bildungswerke mit diakonischem Lernen und Lehren angesprochen. Hilfreich kann der Verbund mit einer Diakonie - Akademie sein.

In diesem Kontext sieht sich die Performativität diakonischen Handelns. Basis ist die Didaktisierung von Handlungsvollzügen und reflexiver Kritik.

3.4 Diakonisches und ethisches Lernen

Zwei Aspekte ergeben sich aus der Begriffsbestimmung (vgl. KRAMER 2015, 123-132).

- Einmal ist es die theoretische Reflexion von Ethik der Lernenden und in der Folge ergibt sich die Praxisrelevanz (vgl. IT - Autorenbeitrag http://www.netzwerkgegengewalt.org > Index: Ethik).

- Ethische Erziehung befähigt zur Frage nach dem Wesen des Guten und guten und sinnvollen Hilfen in der Lebenspraxis. Lernende beschäftigen sich mit Werten und Normen, damit kommt es zu praktischen Wertdiskursen und einer Entwicklung zu e nem Urteilsvermögen.

- Dass neben dem Religionsunterricht als Gegenstand einer bestim nten Religion auch die Sozialkunde und Politische Bildung Reflexion, Urteilsbildung, Empathie und Solidarität fördert, weist auf den Kontext hin.

Spricht man von ethischem Lernen, hat man zwischen Moral und Ethik zu unterscheiden.

- Moral beinhaltet zugrunde liegende Einstellungen,

- Ethik die Reflexion moralischer Praxis mit dem Ziel einer theoretischer Begründung.

- Ziele ethischer Bildung sind Inhalte (materiale Ethik), Begründungen (formale Ethik) und der Konsens bzw. Dissens (Umsetzung). Der performative Ansatz ergänzt die Begründungszusammenhänge (vgl. NIPKOW 1996, 40-42; KRAMER 2015, 127).

4 Didaktischer Ansatz - Performative Religionsdidaktik

Als Zweig der Religionspädagogik so in diesem didaktischen Ansatz

- Religion erlebbar und erfahrbar machen,

- zum religiösen Handeln ermutigen,

- keinesfalls missionarisch wirken.

Der Begriff wird von Rudolf ENGLERT (2008) in der Religionspädagogik formuliert.

In der Folge wird das Performative von den evangelischen Religionspädagogen Bernhard DRESSLER (2012) und Thomas KLIE/ Silke LEONHARD (2008) theoretisch fundiert.

5 Diakonie lehren

Im Folgenden wird eingegangen auf

- Bezugswissenschaften mit IT - Autorenbeiträgen,

- Praxisprojekte,

- Diakonie als Unterrichtsfach,

- diakonisches Lernen im Religionsunterricht,

- Erwachsenen- bzw. Aus- und Fortbildung eingegangen und

- eine Reflexion vorgenommen.

5.1 Bezugswissenschaften

Diakonie lehren (und lernen) bedarf einer bezugswissenschaftlichen Grundlage, umfasst der Themenbereich doch schulische und außerschulische allgemeinpädagogische und theologisch-religionspädagogische Intentionen und Bereiche der Organisationsentwicklung (vgl. KRAMER 2015, 148-152; ADAM 2008, 371-375; GRAMZOW 2010).

Religionspädagogik > http://www.netzwerkgegengewalt.org > Index: Religionspädagogik

Ethik > http://www.netzwerkgegengewalt.org > Index: Ethik

Protestantismus > http://www.netzwerkgegengewalt.org > Index: Protestantismus

Erziehungswissenschaft > http://www.netzwerkgegengewalt.org < Index: Erziehungswissenschaft

Schule > http://www.netzwerkgegengewalt.org > Index: Schule

Lehrerbildung > http://www.netzwerkgegengewalt.org > Index: Lehrerbildung

Lehre an der Hochschule > http://www.netzwerkgegengewalt.org > Index: Lehre an der Hochschule

Erwachsenenbildung > http://www.netzwerkgegengewalt.org > Index: Erwachsenenbildung

Theorie und Praxis evangelischer Erwachsenenbildung > http://www.netzwerkgegengewalt.org > Theorie und Praxis evangelischer Erwachsenenbildung

Allgemeine Didaktik > http://www.netzwerkgegengewalt.org > Index: Allgemeine Didaktik

Politische Bildung > http.//www.netzwerkgegengewalt.org > Index: Politische Bildung

Friedenslernen > http://www.netzwerkgegengewalt.org > Index:
Friedenslernen

Interkulturelle Kompetenz > http://www.netzwerkgegengewalt > Index:
Interkulturelle Kompetenz

Globales Lernen > http://www.netzwerkgegengewalt.org > Index: Globales
Lernen

Klimawandel und Klimaschutz > http://www.netzwerkgegengewalt.org >
Index: Klimawandel und Klimaschutz

Migration > http://www.netzwerkgegengewalt.org > Index: Migration in
Österreich

Wirtschaftserziehung > http://www.netzwerkgegengewalt.org > Index:
Wirtschaftserziehung

Vorberufliche Bildung > http://www.netzwerkgegengewalt.org > Index:
Vorberufliche Bildung in Österreich

Familienwissenschaft > http://www.netzwerkgegengewalt,org > Index:
Familienwissenschaft

Personalentwicklung > http://www.netzwerkgegengewalt.org > Index:
Personalentwicklung

5.2 Praxisprojekte - Lernen in tätiger Gemeinschaft

Im diakonischen Lernen und Lehren haben Praxisprojekte und "situated learning" eine wesentliche Bedeutung (vgl. HANISCH 2008, 384-385).

- Neben den praktischen Einsichten in der Praxis geht es auch um theologische Erkenntnisse und Fragestellungen (vgl. HANISCH 2008, 385-388).

- Das Praxisfeld und Motive christlichen Handelns sind Lernenden didaktisch zu erschließen (vgl. soziales Lernen im Kontext mit geistlichen Komponenten).

- Praxisprojekte umfassen Exkursionen, Erkundungen/ Aspekterkundungen, Expertengespräche, biografische Tätigkeit und mehrwöchige bzw. wöchentliche Praktika, die die methodische Unterschiedlichkeit aufzeigen.

- Sinnvoll ist die Einbindung in schulische Curricula (vgl. die Bedeutung von Schulentwicklung).

5.3 Diakonie als Unterrichtsfach

Auf Grund der Fächeraufteilung bietet sich die Thematik "Diakonie" als Teilbereich des Kernfachs Religion an. Damit sind religionspädagogische Intentionen angesprochen (vgl. HANISCH 2008, 376-388; IT - Autorenbeitrag http://www.netzwerkgegengewalt.org > Index: Religionspädagogik).

Im Rahmen eines Projektunterrichts kann ein Sozialprojekt mit Aspekten diakonischen Lernens ebenfalls angeboten werden.

Lehrinhalte bzw. Bildungsziele sind gesellschaftliche und theologisch - biblische Fragen.

5.4 Diakonisches Lernen im Religionsunterricht

Die Thematik und der damit verbundene Lernprozess ist aus organisatorischen Gründen in erster Linie im Religionsunterricht angesiedelt (vgl. SCHRÖDER 2012, 637-638). Im evangelischen Bildungsverständnis geht es um den Zusammenhang von Lernen, Wissen, Können, Haltungen/Einstellungen, Werten, Handlungsfähigkeit und Deutung des Lebens (vgl. KRAMER 2015, 150).

Diakonisches Lernen erhebt den Anspruch, über Praxisprojekte hinaus nachhaltig Lernenden Einsichten und Haltungen zu vermitteln.

Angesprochen sind

- Persönlichkeitsbildung,

- soziales Lernen/ Sozialkompetenz,

- sozialpolitische Sensibilität/ Politische Bildung,

- Kenntnis und Diskurs über biblisch - theologische und ethisch - moralische Grundlagen und

- Handlungsorientierung in diakonischen Handlungsfeldern mit Perspektivenbildung.

5.5 Erwachsenen- bzw. Aus- und Fortbildung

Evangelische Erwachsenenbildung bzw. Evangelische Bildungswerke sind herausgefordert, diakonisches Lernen und Handeln in erwachsenenpädagogischen Lernprozessen - Erkundungen, Exkursionen, Expertengesprächen, Praktika, Diskursen und Perspektiven - anzubieten bzw. zu bearbeiten. Ein möglicher Verbund mit Diakonie - Akademien bietet sich an.

Am Beispiel der "Diakonie Eine Welt - Akademie Wien" kann interne Aus- und Fortbildung gezeigt werden.

- Als gemeinnützige Erwachsenenbildungseinrichtung ist die Akademie aus den Bereichen Bildung und Flüchtlingsarbeit entstanden (vgl. IT - Hinweis http://einewelt.diakonie.at/akademie [12.10.2017]).

- Die Akademie möchte eine Brücke zwischen Theorie und Praxis und langjähriger Expertise und Erfahrung schlagen sowie ein Netzwerk an Lehrenden einem breiten Publikum zugänglich machen.

- Ziel sind qualitätsvolle Bildungsangebote in den Arbeitsbereichen der Diakonie anzubieten. Mit Stand 2017 werden Aus- und Fortbildungsangebote in den folgenden Schwerpunkten angeboten:

  - Flucht - Asyl - Migration - Integration,

  - Interkulturelle Kommunikation bzw. Kompetenz,

  - Internationale Entwicklung - Entwicklungszusammenarbeit,

  - Fortbildungsangebote für Lehrende,

  - Elternakademie/ pädagogische Themen und

  - spezielle Angebote für freiwillige Mitarbeiter_innen.

5.6 Zusammenfassung

Diakonische Lehre (und Lernen) ist nicht auf sozial verantwortliches Handeln beschränkt.

Neben der politisch-sozialen Dimension im Kontext mit Politischer Bildung gibt es eine theologisch -religionspädagogische Grundlage, die schulisch und außerschulisch anzusehen ist (vgl. HANISCH 2008, 276-388; SCHRÖDER 2012; KRAMER 2015).

Lerndimensionen sind demnach

- theologisch - religionspädagogisch: Verantwortung, Verheißung und Deutung,

- pädagogisch: soziales Lernen, politische Sensibilisierung/ Bildung und interkulturelles Lernen,

- ethisch - moralisch: ethisches Lernen und

- reflexives Verhalten.

Diakonisches Lernen ist als Lernprozess religiöser Bildung zu verstehen.

- Ein zunächst probeweises diakonisches Handeln soll in der Folge diakonisch begründetes Handeln und kritische Reflexion begründen.

- Anzustreben ist Interdisziplinarität im schulpädagogischen und ein Verbund in außerschulisch-erwachsenenpädagogischen Bemühungen.

6 Kontext zu Politischer Bildung

Neben der religions- und allgemeinpädagogischen, ethischen und theologisch - biblischen gibt es eine soziale und politische Dimension bzw. Konsequenz (vgl. METZ 2004, 6-8; ADAM 2006, 80-93; SCHRÖDER 2012, 637-638; KRAMER 2015, 136-140).

6.1 Themenfeld - Praxisfelder

Auszugehen ist von dem Themenfeld der Politischen Bildung,

- die Gestaltung sozialer Beziehungen,

- eine demokratische Ordnung und politische Willensbildung,

- internationale Politik und Friedenssicherung,

- Recht und Rechtsordnung,

- Wirtschaftsordnung und Wirtschaftspolitik,

- Medienkompetenz,

- Umweltbildung,

- Interkulturelle Kompetenz und Globales Lernen,

- geschlechterspezifische Aspekte,

- Prävention von Rechtsextremismus - Fremdenfeindlichkeit - Antisemitismus und

- Vorberufliche Bildung/ Berufswahlorientierung umfasst (vgl. HÄNDLE - OESTERREICH - TROMMER 1999, 105-114; SANDER 2007; DICHATSCHEK 2017a).

Praxisfelder sind die Familie, die vier Bildungsbereiche, Politische Bildung als fächerübergreifende Aufgabe, spezifische außerschulische Jugendbildung und Erwachsenen- bzw. Weiterbildung.

6.2 Didaktische Prinzipien

Didaktische Prinzipien sind die

- Adressatenorientierung,

- exemplarisches Lernen,

- Problemorientierung,

- Kontroversität,

- Handlungsorientierung und

- Wissenschaftsorientierung.

6.3 Beidseitige Intentionen

Vergleicht man ADAM's didaktische Kriterien und Formate diakonisch - sozialen Lernens mit den Intentionen Politischer Bildung, finden sich zahlreiche Übereinstimmungen (vgl. ADAM 2006, 80-93; DICHATSCHEK 2017a).

Die Lernprozesse beider Fachbereiche können einander ergänzen und pädagogische Impulse vermitteln. Beispielhaft ergeben sich dies durch

- ungewöhnliche Erfahrungen,

- soziales Wissen aus erster Hand,

- Verständnis und Toleranz,

- Interesse für soziale Probleme,

- Verhaltenssicherheit und soziale Kompetenz,

- Kenntnis eigener Stärken und Schwächen,

- Reflexion über das eigene Leben,

- Akzeptanz als Person,

- Zufriedenheit bei Teilnehmenden und

- Kontaktfreudigkeit.

Erkundungen/ Aspekterkundungen, Expertengespräche und Praktika bedürfen einer Planung, Begleitung und kritischen Reflexion. Nachhaltige Eindrücke bei Lernenden werden in didaktischen Impulsen an Ort und Stelle gewonnen.

Dimensionen sozialen Lernens und Politischer Bildung/schulisch auch Sozialkunde ergeben wesentliche Erkenntnisse.

- Wahrnehmung,

- Kommunikation,

- Akzeptanz,

- soziales Handeln,

- Umgang mit Schwierigkeiten und

- Entwicklung von Werthaltungen.

Von Interesse ist diakonisch-soziales Lernen für die Erwachsenenbildung in der Evangelischen Erwachsenenpädagogik.

Im Folgenden sollen Anregungen gegeben werden.

- Kurs "Soziale Ungleichheit",

- Grundkurs Diakonie,

- soziales Netzwerk,

- Lernprojekt Blockpraktikum und

- Öffentlichkeitsarbeit/ Dokumentation/ Ausstellung - Leserbrief - Diskussionsrunde.

7 Diakonisches Unternehmensprofil

Zu den Kernaufgaben der Unternehmensführung in der Diakonie gehört

- die Schärfung und Pflege eine spezifischen christlichen Profils, etwa Fragen der Seelsorge, spirituellen Bildung und christlcher Unternehmensführung (vgl. REBER 2018, 7; MOOS 2018, 93-99; HAAS - STARNITZKE 2018).

- Verknüpft sind die Entscheidungen mit vielfältigen Personal- und Organisationsentwicklungsprozessen (vgl. IT -Autorenbeiträge http://www.netzwerkgegengewalt.org > Index: Personalentwicklung, Organisationsentwicklung).

- Es geht demnach um die Gestaltung eines christlichen Profils, also einer Grundüberzeugung und um Visionen. Diese Gestaltung und Pflege ist etwas Prozesshaftes. Bildungs- und Wachstumsprozesse in bestimmten Herausforderungen und Möglichkeiten erbringen eine bestimmte Profilgestaltung. Von Interesse sind die Förderung der Profilbildungsprozesse.

- Diakonisches Lernen und Lehren geht von der Wahrnehmung und Wertschätzung (Innenbereich) sowie Kontrolle und Bevormundung (Außenbereich) aus. Diese Spannung wird mit den Schlagwörtern "Wahrnehmung, Wertschätzung und kritisches Gegenüber" bezeichnet.

IT - Hinweis

 http://www.diakonie.at

7.1 Entwicklungen in der Diakonie

Die Bedeutung diakonischer Einrichtungen bzw. Entwicklungen erhielt in den letzten Jahren eine besondere Bedeutung (vgl. REBER 2018, 19-24).

Diskussionswürdig in Lern- und Lehrprozessen sind die Entwicklungen im

- Krankenhaussektor - Krankenhausseelsorge,

- Alten(heim)seelsorge,

- Flüchtlingshilfe und im

- Bildungssektor (vgl. zu den Einzelbereichen die IT - Autorenbeiträge http://www.netzwerkegegengewalt.org > Index: Gesundheitsbildung, Altersbildung, Migration in Österreich, Schule, Erziehung; vgl. die

Bedeutung von "kultureller Diakonie" mit Musik, Literatur und Bildender Kunst).

Im Qualitätsmanagement geht es die Qualitätsanforderungen und das Zertifizierungsverfahren (vgl. REBER 2018, 24-31).

Aspekte einer christlichen Unternehmenskultur bilden

- Führung und Leitung

  - Leitbild

  - Unternehmensstrategie

  - Konzeption - Leistungsbeschreibung

  - Managementbewertung

  - Vernetzung - Kooperation

  - Öffentlichkeitsarbeit

  - Führungsgrundsätze

  - Dienstgemeinschaft

  - Umgang mit Gütern und Ressourcen

- Dienstleistungserbringung

  - Grundsätze

- Erstkontakt - Information der Klientel

    - religiöse Angebote

    - Befragung der Klientel

    - Interkulturelle Öffnung - Orientierung

- Mitarbeitende

    - Stellen-, Aufgaben- und Funktionsbeschreibung,

    - Personalbeschaffung - Personaleinarbeitung/ Personalbegleitung

    - Besprechungswesen

    - Fort- und Weiterbildung

    - religiöse Angebote

- Mitarbeit freiwilliger/ ehrenamtlicher Engagierter

    - Stellenbeschreibung

    - Fort- und Weiterbildung - spirituelles Bildungsprogramm

    - Begleitung - Unterstützung

    - Beratung im Förderprogramm.

7.2 Christliches Profil

Die folgenden Ebenen und Dimensionen weisen auf ein christliches Profil
(vgl. REBER 2018, 35-47; HAAS - STARNITZKE 2018).

- Hilfe- und Dienstleistungen der Diakonie - Beratung, Pflege,
  medizinische Behandlung und pädagogische Arbeit

- Seelsorge für Klienten, Patienten, Bewohner, Mitarbeitende und
  Führungskräfte

- Vernetzung - Kooperation - Zusammenarbeit im Sozialraum,
  Mitgestaltungsmöglichkeiten, Öffentlichkeitsarbeit

- Unternehmenskultur - Leitbilder, Kundenflyer, Internetauftritt,
  Bildungsprozesse

  - Reflexionskultur - Kommunikation

  - gestaltete Unterbrechungskultur und

  - Gebetskultur

7.3 Fördermaßnahmen

Hier geht es um Fördermittel bei

- Referentenkosten (Honorar, Reisekosten und Unterkunft)

- Personalkosten (Fort- und Weiterbildung, Vertretungen) und

- Kosten für Öffentlichkeitsarbeit (Presse-Rundfunk-Neue Medien).

7.4 Konfessionelles Profil

Unterschiedliche Vorstellungen in der Vielfalt der Begrifflichkeit von Diakonie sind Gegenstand von Lern- und Lehrprozessen im diakonischen Unternehmensprofil. Daraus ergeben sich die Fragen nach

- den Einzelunternehmen der Diakonie

- dem christlichen Menschenbild

- einem christlichem Engagement und

- der Kirchlichkeit/ evangelisches Profil.

8 Bildungswochen 2018 im diakonischen Umfeld

4.9. - 31.10.2018, Ort: Superintendentur Innsbruck, Rennweg 13

Das Evangelische Bildungswerk in Tirol bot im September und Oktober 2018 eine Reihe von Seminarvorträgen aus dem diakonischen Bereich an.

Schwerpunkte bilden

- diakonisch-soziolpolitisches Lernen (Politische Bildung),

- diakonisch-gesundheitspädagogisches Lernen (moderne Altenbetreuung) und

- diakonisch-soziokulturelles Lernen. Dazu gibt es zunächst eine Ausstellung unter dem Titel "Heimat und Fremde".

Die Vorträge sollen einen Einblick in interessante Themen geben,

- die einerseits mit Mündigkeit, Demokratieverständnis und allgemeiner Politischen Bildung zu tun haben,

- andererseits dem weiten Bereich der Versorgung älterer Mitbürger_innen Rechnung tragen.

Die Termine sind als Seminarvorträge geplant, d.h. einerseits Vortrag, andererseits als Seminar mit Diskussion, Rundgespräch und Fallbeispielen. Eine rege Beteiligung des Publikums an der Erarbeitung eines Themas ist erwünscht.

Die Seminarvorträge beginnen jeweils um 17 Uhr.

Dienstag, 4.9.2018: Flucht und Vertreibung in den letzten Jahrzehnten

Dienstag, 18.9.2018: Macht der Medien

Dienstag, 2.10.2018: Moderne Altenbetreuung: Demenz und Diabetes

Dienstag, 16.10.2018: Demokratie und Verantwortung

Dienstag, 30.10.2018: Moderne Altenbetreuung: Wann geht es in das Heim?

Die Vernissage zur Ausstellung "Heimat und Fremde" findet am Donnerstag 18.10.2018, um 19 Uhr in der Evangelischen Auferstehungskirche, Innsbruck, Gutshofweg 8, statt.

Der Eintritt zu allen Veranstaltungen ist frei, Kostenbeiträge (Spenden) sind erbeten.

Reflexion

Diakonisch-soziales Lernen und Lehren ist

- schulisch (Religionspädagogik, Politische Bildung, Gesundheitsbildung/ Altersbildung, Interkulturelle Kompetenz) und

- außerschulisch (Jugendarbeit, Erwachsenenbildung, berufliche Ausbildung) ausgerichtet.

Freiwillige Hilfe, Besuchsdienst, Kranken- und Altenpflege sowie die theoretische und praktische Auseinandersetzung mit diakonisch - sozioökonomischen/ soziopolitischen und diakonisch - kulturellen Themenbereichen sind erwünscht, bedürfen aber einer zielgerichteten (religions-)pädagogischen Auseinandersetzung in Bildungsinstitutionen.

Persönlichkeitsbildung und gesellschaftliche Sicherheit sind vorrangige pädagogische Zielsetzungen.

Ein Freiwilligen - Engagement ist zwar gesellschaftlich wenig anerkannt, aber durchaus wünschenswert.

- Es bringt wertvolle Erkenntnisse und bei professioneller Unterstützung auch Fortbildungsmöglichkeiten.

- Damit steigt die gesellschaftliche Akzeptanz und möglicherweise sogar berufliche Verwertung.

Ein spezifisches Unternehmensprofil und eine christliche Unternehmenskultur sind Merkmale diakonischen Engagements in Verbindung mit e nem evangelischen Profil.

Literaturverzeichnis

Angeführt sind jene Titel, die für den Beitrag verwendet und/ oder direkt zitiert werden.

Adam G. (2006): Didaktische Kriterien und Formate diakonisch-sozialen Lernens, in: Adam G. - Hanisch H. - Schmidt H. -Zitt R. (Hrsg.): Unterwegs zu einer Kultur des Helfens. Handbuch des diakonisch - sozialen Lernens, Stuttgart, 80-93

Adam G. - Hanisch H. - Schmidt H. - Zitt R. (Hrsg.) (2006): Unterwegs zu einer Kultur des Helfens. Handbuch des diakonisch - sozialen Lernens, Stuttgart

Adam G. (2008): Diakonisch-soziales Lernen. Eine Zwischenbilanz in weiterführender Absicht, in: Eurich J. -Oelschlägel Chr. (Hrsg.): Diakonie und Bildung, Stuttgart, 362-375).

Baur W. - Hödl D. - Eidt E. - Noller A. - Schulz Cl. - Schmidt H. (Hrsg.) (2015): Diakonat für die Kirche der Zukunft, Stuttgart

Dichatschek G. (2017a): Didaktik der Politischen Bildung. Theorie, Praxis und Handlungsfelder der Fachdidaktik der Politischen Bildung, Saarbrücken

Dichatschek G. (2017b): Erwachsenen- Weiterbildung. Ein Beitrag zu Theorie und Praxis von Fort- bzw. Weiterbildung, Saarbrücken

Dichatschek G. (2017c): Interkulturalität. Ein Beitrag zur Theorie, Bildung und Handlungsfeldern im Kontext von Interkultureller Öffnung und Politischer Bildung, Saarbrücken

Dichatschek G. (2022): Inklusion. Pädagogik - Persönlichkeitserziehung - Gewaltprävention im Kontext Politischer Bildung, Saarbrücken

Dressler B. (2012): Performative Religionsdidaktik: Theologisch reflektierte Erschließung von Religion, in: Dressler B. - Klie Th. - Kumlehn M. (Hrsg.): Unterrichtsdramaturgien. Fallstudien zur Performanz religiöser Bildung, Stuttgart, 15-42

Englert R. (2008): Performativer Religionsunterricht - eine Zwischenbilanz, in: Zeitschrift von Pädagogik und Theologie 60/2008, 3-16

Eurich J.- Oelschlägel Chr. (Hrsg.) (2008): Diakonie und Bildung, Stuttgart

Fischer V. - Springer M. - Zacharaki I. (Hrsg.) (2013): Interkulturelle Kompetenz. Fortbildung -Transfer -Organisationsentwicklung, Schwalbach/ Ts.

Gramzow Chr. (2010): Diakonie in der Schule. Theoretische Einordnung und praktische Konsequenzen auf der Grundlage einer Evaluationsstudie, Leipzig

Haas H.-St./ Starnitzke D. (2018): Gelebte Identität. Zur Praxis von Unternehmen in Caritas und Diakonie, Stuttgart

Hanisch H . (2008): Religion und diakonisches Handeln aus religionspädagogischer Perspektive, in: Eurich J.-Oelschlägel Chr. (Hrsg.): Diakonie und Bildung, Stuttgart, 376-388

Händle Chr. - Oesterreich D. - Trommer L. (1999): Aufgaben politischer Bildung in der Sekundarstufe I. Studien aus dem Projekt Civiv Education, Opladen

Klie Th. - Leonhard S.(Hrsg.)(2008): Performative Religionsdidaktik: Religionsästhetik-Lernorte-Unterrichtspraxis, Stuttgart

Kramer J. (2015): Diakonie inszinieren. Performative Zugänge zum diakonischen Lernen, Stuttgart

Matzner M. (Hrsg.) (2012): Handbuch Migration und Bildung, Weinheim - Basel

Metz J.P. (2004): Compassion. Eine politisch - theologische Hinführung, in: Kuld L. - Gönnheimer St. (Hrsg.): Praxisbuch Compassion. Soziales Lernen an Schulen. Praktikum und Unterricht in den Sekundarstufe I und II, Donauwörth, 6-8

Moos Th. (Hrsg.)(2018): Diakonische Kultur. Begriff, Forschungsperspektiven, Praxis, Stuttgart

Nipkow K.E. (1996): Ziele ethischer Bildung heute, in: Adam G. - Schwe tzer Fr.(Hrsg.): Ethisch erziehen in der Schule, Göttingen, 38-61

Nipkow K.E. (1998): Bildung in einer pluralen Gesellschaft - Bd. 2 Religionspädagogik im Pluralismus, Gütersloh

Reber J. (2018): Christlich - spirituelles Unternehmensprofil. Prozesse in Caritas, Diakonie und verfasster Kirche fördern, Stuttgart

Rohe M. - Engin H. - Khorchide M. - Öszoy Ö. - Schmid H. (Hrsg.) (2015): Christentum und Islam in Deutschland. Grundlagen, Erfahrungen und Perspektiven des Zusammenlebens. Bundeszentrale für politische Bilcung, Schriftenreihe Bd. 1634, Bonn

Sander W. (Hrsg.) (2007): Handbuch politische Bildung. Lizenzausgabe für die Bundeszentrale für politische Bildung, Schriftenreihe Bd. 467, Bonn

Schröder B. (2012): Religionspädagogik, Tübingen

Zerth J. - Schildmann J. - Nass J. (Hrsg.) (2019): Versorgung gestalten. Interdisziplinäre Perspektiven für eine personenbezogener Gesundheitsversorgung, Stuttgart

IT - Autorenbeiträge

Die Autorenbeiträge dienen der Ergänzung der Thematik.

Netzwerk gegen Gewalt

 http://www.netzwerkgegengewalt.org > Index:

Religionspädagogik

Theorie und Praxis evangelischer Erwachsenenbildung

Protestantismus

Ethik

Politische Bildung

Friedenslernen

Altersbildung

Gesundheitsbildung

Lernkulturen der Allgemeinen Erwachsenenbildung

Schule

Persönlichkeitsbildung

Erwachsenenbildung

Bildungsmanagement

Interkulturelle Kompetenz

Personalentwicklung

Inklusive Pädagogik

Organisationsentwicklung

IT - Hinweis

https://evang.at/grenzgaenger-zwischen-universitaet-und-kirche/ > Evangelische Kirche in Österreich/Gottfried Adam > Gelebte Diakonie (14.5.2018)

https://de.lutheranworld.org/de/content/neues-oekumenisches-studiendokument-will-diakonie-staerken-21 > Lutherischer Weltbund - actalliance - Weltkirchenrat > Neues ökumenisches Studiendokument will Diakonie stärken (1.6.2018)

Zum Autor

APS - Lehramt (VS - HS - PL 1970, 1975, 1976), zertifizierter Schülerberater (1975) und Schulentwicklungsberater (1999), Mitglied der Lehramtsprüfungskommission für die APS beim Landesschulrat für Tirol (1993-2002).

Absolvent Höhere Bundeslehranstalt für alpenländische Landwirtschaft Ursprung - Klessheim/ Reifeprüfung, Maturantenlehrgang der Lehrerbildungsanstalt Innsbruck/ Reifeprüfung - Studium Erziehungswissenschaft/ Universität Innsbruck/ Doktorat (1985), 1. Lehrgang Ökumene - Kardinal König Akademie/ Wien/ Zertifizierung (2006); 10. Universitätslehrgang Politische Bildung/ Universität Salzburg - Klagenfurt/ MSc (2008), Weiterbildungsakademie Österreich/ Wien/ Diplome (2010), 6. Universitätslehrgang Interkulturelle Kompetenz/ Universität Salzburg/ Diplom (2012), 4. Interner Lehrgang Hochschuldidaktik/ Universität Salzburg/ Zertifizierung (2016) - Fernstudium Grundkurs Erwachsenenbildung/ Evangelische Arbeitsstelle Fernstudium, Comenius - Institut Münster/ Zertifizierung (2018), Fernstudium Nachhaltige Entwicklung/ Evangelische Arbeitsstelle Fernstudium, Comenius - Institut Münster/ Zertifizierung (2020)

Lehrbeauftragter Institut für Erziehungs- bzw. Bildungswissenschaft/ Universität Wien/ Berufspädagogik - Vorberufliche Bildung VO - SE (1990-

2011), Fachbereich Geschichte/ Universität Salzburg/ Lehramt Geschichte -
Sozialkunde - Politische Bildung - SE Didaktik der Politischen Bildung (2026-
2017).

Mitglied der Bildungskommission der Evangelischen Kirche Österreich (2000-
2011), stv. Leiter des Evangelischen Bildungswerks Tirol (2004 - 2009, 2017
– 2019).

Kursleiter der VHSn Salzburg Zell/ See, Saalfelden und Stadt Salzburg/
"Freude an Bildung" - Politische Bildung (2012 – 2019).

 mailto:dichatschek@kitz.net

Printed by Books on Demand GmbH, Norderstedt / Germany